AF279920

ISBN 9788411744256 © Eve Stars, 2023

Impresión y editorial: BoD – Books on Demand
info@bod.com.es – www.bod.com.es
Impreso en Alemania – Printed in Germany

Este libro pertenece a este extraordinario, auténtico y trabajador Capricornio:

Capricornio

21 DE DICIEMBRE – 19 DE ENERO

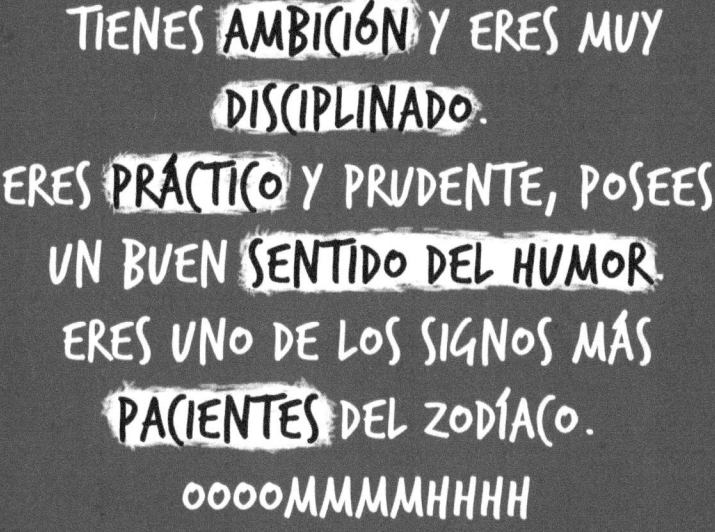

TIENES AMBICIÓN Y ERES MUY
DISCIPLINADO.
ERES PRÁCTICO Y PRUDENTE, POSEES
UN BUEN SENTIDO DEL HUMOR.
ERES UNO DE LOS SIGNOS MÁS
PACIENTES DEL ZODÍACO.
OOOOMMMMHHHH

RESERVADO

EXIGENTE

PROFESIONAL

PESIMISTA

LÍDER

SELECTIVO

ERES UN SIGNO DE **TIERRA**,
PERSEVERANTE, CURRANTE Y...

EXIGENTE.

ERES EL
ORGANIZADOR
DEL ZODÍACO

TU EMPLAZAMIENTO NATURAL
ES LA DÉCIMA CASA,
LA CASA DE LO **MATERIAL**.

ÉXITO, REALIZACIÓN Y VOCACIÓN
(VAMOS, QUE ERES EL "BOSS")

Elementos de Capricornio

COLORES: VERDE, MARRÓN Y GRIS OSCURO.

VÍSTETE CON ESTOS COLORES CUANDO QUIERAS LIGAR Y SERÁS IRRESISTIBLE (SI ES POSIBLE SERLO AÚN MÁS)

PIEDRAS: AMATISTA, HEMATITA, ÓNIX.

CUANDO TROPIECES DOS VECES, COMO SUELES HACER, QUE SEA AL MENOS CON ALGUNA DE ESTAS PIEDRAS

ÁRBOLES: PINOS Y OLMOS.

ABRÁZATE A UNO DE ESTOS ÁRBOLES CUANDO ESTÉS DE BAJONA. TE QUIEREN

FLOR: PENSAMIENTOS.

LOS VULGARES RAMOS DE ROSAS NO ESTÁN A TU ALTURA. EXIGE MÁS

Hablemos claro, Capricornio

ERES UNO DE LOS SIGNOS DEL ZODÍACO MÁS ESTABLES, SEGUROS Y TRANQUILOS. ERES TRABAJADOR, RESPONSABLE, PRÁCTICO Y DISPUESTO A AGUANTAR HASTA LO QUE SEA NECESARIO PARA CONSEGUIR TU OBJETIVO.

EXIGES MUCHO DE TUS EMPLEADOS, FAMILIARES Y AMIGOS, PERO SOLO PORQUE TE LO EXIGES TAMBIÉN A TI MISMO. SUELES SER UNA PERSONA JUSTA.

NO TE ENCUENTRAS ENTRE LOS SIGNOS DEL ZODÍACO MÁS FELICES. MÁS BIEN TIENDES A VECES HACIA LA MELANCOLÍA Y EL PESIMISMO. CUANDO SUFRES DEPRESIÓN DEBES BUSCAR AYUDA. DE HECHO, UN CAPRICORNIO DEBE SIEMBRE INTENTAR MANTENER UNA ESTABILIDAD EMOCIONAL A TRAVÉS DE LA MEDITACIÓN, RESPIRACIÓN O CUALQUIER ACTIVIDAD QUE TE AYUDE A RELAJARTE Y NO EL PERDER CONTROL DE TUS EMOCIONES.

GENERALMENTE EN LA PRIMERA MITAD DE TU VIDA ERES UN TANTO TÍMIDO Y EN LA SEGUNDA VAS GANANDO EN CONFIANZA.

POSEES UNA GRAN PERSONALIDAD. PREFIERES ESTAR SIEMPRE EN ACTIVO. DETESTAS EL ABURRIMIENTO Y NO TE GUSTA QUEDARTE SIN HACER NADA PUES ERES MUY DINÁMICO

TANTO PARA LA AMISTAD COMO PARA EL AMOR ERES BASTANTE EXIGENTE.
ERES MUY FIEL Y JUGUETÓN. TE GUSTA TENER A TU PAREJA BIEN CUIDADA AUNQUE NO SIEMPRE TE MUESTRES MUY CARIÑOSO.

TE CUESTA EXPRESAR TUS SENTIMIENTOS O HABLAR DE LOS MALOS MOMENTOS DE TU VIDA, NO QUIERES PREOCUPAR A NADIE CON TUS PROBLEMAS E INTENTAS RESOLVERLOS POR TI MISMO.

NO ESCUCHAS MUCHO LOS CONSEJOS DE LOS DEMÁS, LO QUE TE LLEVA A COMETER CIERTAS EQUIVOCACIONES EN LA VIDA PERO TAMBIÉN LLEGAS A TENER MÁS ÉXITOS DE LOS QUE TENDRÍAS SI NO TOMARAS LA INICIATIVA.

Amuletos para Capricornio

¿CREEMOS EN LAS FUERZAS OCULTAS? ¡SÍÍÍ! ¿Y CREEMOS EN LOS AMULETOS? ¡TAMBIÉÉÉÉN! PUES TIRA YA ESA PATA DE CONEJO RANCIA, ESTOS SON LOS AMULETOS QUE TE AYUDARÁN A CONSEGUIR TODAS TUS METAS.

LOS AMULETOS MÁS EFECTIVOS PARA LOS NACIDOS BAJO EL SIGNO DE CAPRICORNIO SON AQUELLOS QUE TIENEN QUE VER CON EL SONIDO Y CON LA MÚSICA DE MANERA QUE PUEDES ELEGIR UN INSTRUMENTO DE CUALQUIER TIPO EN EL QUE SEAS EJECUTANTE: UNA FLAUTA, UNA GUITARRA, UN TECLADO... TODO LO QUE TIENES QUE HACER SI SIENTES QUE TU VIDA NO VA HACIA LOS SITIOS QUE DESEAS ES TOCAR UNA PIEZA, UNA MELODÍA QUE TE SEA QUERIDA... Y TODO TENDRÁ EL ORDEN QUE NECESITAS CON ESTE SENCILLO RITO MUSICAL.
SI NO TIENES MUCHO OÍDO, APRENDE AUNQUE SEA UNA SENCILLA MELODÍA.

COLOR ÁMBAR. EL COLOR QUE TE TRAERÁ MAYOR VENTURA ES EL COLOR QUE SE RELACIONA, AL MISMO TIEMPO, CON EL MUNDO VEGETAL Y CON EL TIEMPO: EL ÁMBAR. EL COLOR DE ESA SUSTANCIA QUE TANTOS OBJETOS ATRAPA Y CONSERVA EN EL TIEMPO, QUE ES UNA SUNTUOSA ROCA HECHA DE LUZ Y DE PACIENCIA, COMO EL TALANTE DE LOS CAPRICORNIO.

ASÍ QUE VISTE ESE COLOR, ÚSALO EN TUS PAREDES Y PERTENENCIAS, ELIGE TODO LO QUE, DE ALGUNA MANERA, SE RELACIONE CON ÉL.

HEMATITA ES UNA GEMA QUE AYUDA A INCREMENTAR AÚN MÁS TU NIVEL DE ATENCIÓN. ES IDEAL PARA MANTENER A RAYA TU NEGATIVIDAD Y FOMENTAR EL PENSAMIENTO POSITIVO, ADEMÁS DE ELEVAR LOS NIVELES DE ENERGÍA. POSEE VALORES EXTREMADAMENTE FAVORABLES A TU SIGNO.

LLÉVALA CONTIGO EN UN COLGANTE O UNA PEQUEÑA FIGURA.

ÁMBAR LAS JOYAS QUE TE VISTEN CON MAYOR LUZ Y VENTURA SON AQUELLAS QUE TIENEN AL ÁMBAR COMO SU CENTRO. ESTA PIEDRA ABSORBE LA LUZ Y LA DEVUELVE CON UNA TEXTURA LÍQUIDA Y SUAVE, COMO

LA DE UN CARAMELO. ES UNA JOYA QUE IMITA EL ÁNIMO DE LOS CAPRICORNIO: LUCHADORES E INVENCIBLES. DECÁNTATE POR AQUELLOS OBJETOS QUE PUEDAS LLEVAR CONTIGO A LA VISTA, DE MODO QUE LA LUZ DE LOS ASTROS Y DEL SOL LLENE TU PIEDRA DE ENERGÍA POSITIVA.

JAZMÍN. ESTA DELICADA FLOR QUE LIBERA SU PERFUME DE NOCHE ES, SIN LUGAR A DUDAS, EL AMULETO VEGETAL Y VIVO MÁS PODEROSO PARA TI. TENLA EN UNA MACETITA O FLORERO CERCA DE TU CAMA Y SU AROMA SERÁ UN VELO QUE TE PURIFICARÁ EN CUERPO Y ALMA PARA LOS RETOS DEL DÍA A DÍA. SI BUSCAS UN PERFUME O LOCIÓN, QUE SEA AQUEL QUE POSEA SU AROMA COMO PROTAGONISTA.

AMULETO DOMÉSTICO PARA CAPRICORNIO

PREPARA UN SAQUITO AROMÁTICO CON CLAVO, HOJAS DE SAUCE, ACEBO Y EUCALIPTO. QUE SU TELA SEA DE COLOR ÁMBAR. ES MEJOR SI LA PREPARAS EN LUNA NUEVA MIENTRAS ESCUCHAS ALGUNA DE TUS PIEZAS MUSICALES FAVORITAS. COLÓCALO EN LOS RINCONES DE TU CASA O LLÉVALO CONTIGO.

Tus miedos

ES COMÚN QUE OS ENDILGUEN LA CARGA DE SACAR ADELANTE A COMUNIDADES ENTERAS. ES TAL TU TALENTO Y TU VOCACIÓN DE SERVICIO QUE MUCHAS VECES ERES QUIEN HACE EL CAMINO ANDANDO PARA QUE OTROS DISFRUTEN DE UNA TRAVESÍA TRANQUILA Y SEGURA.

POR ELLO, SABES QUE SI FALLAS, MUCHOS CAERÁN DETRÁS TI.

DEBIDO A ELLO TU MAYOR MIEDO ES EL FRACASO, POR TODO LO QUE IMPLICA PARA QUIENES DE TI DEPENDEN. NO TOLERAS LA IDEA DE QUE QUIENES AMAS SUFRAN PRIVACIONES O DOLOR. TU MIEDO AL FRACASO ES ALGO MÁS QUE UN TEMOR A LA FALTA DE ÉXITO Y REALIZACIÓN. ES EL MIEDO A QUE TODA UNA PARTE DEL MUNDO DESAPAREZCA CONTIGO.

TU GENEROSIDAD ES PROVERBIAL, PUES SE PUEDE CONVERTIR EN UN VENENO QUE TE DESTRUYA. EL AMOR PUEDE

SER EL PEOR DE LOS INFIERNOS PARA TI SI EL SER AMADO SE QUEDA EN EL CAMINO POR UN FALLO CUALQUIERA.

DEBIDO A ESTE MIEDO, **TE EXIGES EN EXCESO** Y SUELES ACABAR AGOTADO CADA DÍA, SIN QUE TE IMPORTE LO MÁS MÍNIMO SI ESE ESFUERZO ES CORRESPONDIDO POR AQUELLOS QUE RECIBEN TUS FRUTOS. HIJOS, AMIGOS, AMANTES, PAREJAS... NO HACE FALTA HACER MÉRITOS PARA SACAR PARTIDO DE UN CAPRICORNIO.

QUITA, QUITA,
QUE YA LO HAGO YO
TODO, TODITO, TODO

¿CÓMO PUEDES VENCER TUS MIEDOS?

NO HAY NADA MALO EN EL MIEDO AL FRACASO. ES UNA DE LAS MÁS GRANDES INSPIRACIONES QUE TENEMOS PARA SER MEJORES DÍA A DÍA. EL PROBLEMA ES CUANDO ESTE MIEDO NOS EXPONE A SITUACIONES POCO GRATIFICANTES O CRÍTICAS CON EL MEDIO QUE NOS RODEA, Y CON AQUELLOS A LOS QUE CONSAGRAMOS NUESTRA VIDA.

TIENES QUE APRENDER A DAR BIEN POR BIEN, Y CERRAR UN POCO EL GRIFO DE TU GENEROSIDAD CUANDO NO OBTIENES NINGUNA RETRIBUCIÓN POR LO MUCHO QUE HACES.

DEBES APRENDER A LUCHAR TUS LUCHAS POR TI Y PARA TI: DISFRUTAR DE TUS FRACASOS, DE LOS QUE SE APRENDE MUCHO, Y DE TUS ÉXITOS, QUE SIEMPRE SON NOTABLES.

DEBERÍAS TOMAR LAS RIENDAS DE TU VIDA, Y CABALGAR TAN SOLO POR EL GUSTO DE HACERLO, NO PARA ARRASTRAR LA CARRETA DE OTROS.

Sálvate tú y se salvarán todos.

Hablemos de lo que importa: el AMOR

ERES PERFECTO PARA CONSTRUIR RELACIONES SENTIMEN-
TALES AUNQUE ERES UN SER COMPLEJO Y CONFÍAS MUY
POCO.

TE CUESTA MUCHÍSIMO MOSTRAR TUS SENTIMIENTOS,
PUEDES PARECER FRÍO Y PARCO DURANTE CUALQUIER CON-
VERSACIÓN Y SIEMPRE INTENTARÁS APLASTAR AL OTRO
CON TUS COMENTARIOS Y TU DEMOSTRACIÓN DE SUPERIORI-
DAD CONSTANTE.

NO OBSTANTE CUANDO CONSIGUEN DERRETIR UN POCO TU
DURA CORAZA EL OTRO VERÁ QUE ERES UNA PERSONA
PROTECTORA PREOCUPADA Y MUY AMOROSA.

PUEDES PARECER TÍMIDO AL PRINCIPIO PERO A MEDIDA
QUE AVANZA LA RELACIÓN TE VAS DESTAPANDO, DEJAN-
DO VER TU LADO MÁS DULCE Y SALVAJE.

ERES **MUY FIEL,** NO SOLO A TUS IDEAS, SINO TAMBIÉN A TUS SENTIMIENTOS Y TUS PAREJAS. LA ESTABILIDAD Y LA FIDELIDAD SERÁN ASPECTOS QUE SALDRÁN A RELUCIR DE SOBRA EN TUS RELACIONES.

NECESITAS, EN OCASIONES, TRABAJAR MÁS EN TU LADO SENTIMENTAL, YA QUE SUELES SER DEMASIADO **INSEGURO** A LA HORA DE DEMOSTRAR TUS SENTIMIENTOS MÁS PROFUNDOS. ERES ALTAMENTE **DESCONFIADO** Y PRECAVIDO.

NO ERES NADA FRÍVOLO Y PREFIERES LAS PERSONAS SERIAS, QUE TENGAN LOS PIES EN EL SUELO, QUE HAYAN CONSEGUIDO REALIZARSE EN LA VIDA E INTELIGENTES. ES UNA DE LAS COSAS QUE MÁS VALORAS, LA **INTELIGENCIA** TE CUESTA MUCHO ENTREGARTE, POR LO QUE MEJOR QUE NO TENGAN PRISA CONTIGO.

LA PAREJA IDEAL PARA TI ES AQUELLA QUE TE ESCUCHA, TE APOYA, TE QUITA TUS IDEAS NEGATIVAS DE LA CABEZA, TE DA CONFIANZA, TE AYUDA A POTENCIARTE Y A REALIZARTE.
TE GUSTA SENTIR QUE TU PAREJA ES ALGUIEN **SÓLIDO** QUE CAMINA EN EL MISMO SENTIDO QUE TÚ.

CONSEJOS INFALIBLES PARA TU VIDA AMOROSA

PROCURA QUE TUS CORNADAS INICIALES NO SEAN DEMASIA-
DO EXAGERADAS SI NO QUIERES AHUYENTAR A MÁS DE
UNO. ES CIERTO QUE ES FÁCIL ADIVINAR QUE TRAS ESE
CAPARAZÓN HAY ALGUIEN QUE MERECE MUCHÍSIMO LA
PENA PERO TE ARRIESGAS DEMASIADAS VECES A QUE NO
SE QUEDEN A ESPERAR A VER TU LADO MÁS DULCE.

INTENTA TRANSMITIR EL FONDO CÁLIDO Y ACOGEDOR QUE
HAY EN TI, PUES ESE CALOR INTERNO QUE POSEES ES
SÚPER SEDUCTOR. YA HABRÁ TIEMPO DESPUÉS DE VER SI
LA OTRA PERSONA ES LA IDEAL PARA TI PERO SI TU IN-
TUICIÓN TE DICE QUE SÍ, EMPIEZA MOSTRANDO TU IN-
CREIBLE MADUREZ Y AFÁN PROTECTOR Y NO DEJARÁS
NINGÚN CORAZÓN SIN ROMPER.

ABANDONA EL BARCO SIN DUDARLO CUANDO VEAS QUE
TODO LO QUE DAS NO RECIBE NINGUNA RECOMPENSA, EL
AMOR ES DAR PERO TAMBIÉN TOMAR. NO HAS VENIDO A
SALVAR A NADIE SI NO A COMPARTIR TUS TESOROS,
HAZLO SOLO CON QUIEN DE VERDAD LO MERECE.

CUÍDATE MUCHO, TU CORAZÓN NO ES DE ESTE MUNDO.

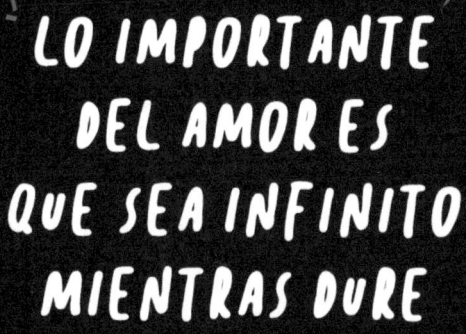

CONSEJO DEL
GRAN
CROASÁN ESTELAR

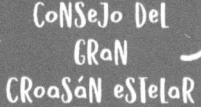

COMPATIBILIDAD ENTRE SIGNOS

CAPRICORNIO Y CAPRICORNIO

¡COMBINACIÓN DEMASIADO BUENA PARA SER VERDAD! TENÉIS TANTAS COSAS EN COMÚN QUE LA RELACIÓN PUEDE CONVERTIRSE EN ALGO RUTINARIO, POR LO QUE BUSCAR LA CHISPA Y LA NOVEDAD ES PRIORITARIO.

AL UNIROS DOS PERSONAS DEL MISMO SIGNO DISFRUTARÉIS ENSEGUIDA DE LOS PLACERES DE LA VIDA Y A LA VEZ TENDRÉIS UN COMPAÑERO DE VIDA QUE PIENSA IGUAL.

EN EL TEMA FINANCIERO DEBÉIS DE IR CON PIES DE PLOMO Y SABER QUE NO TODO EN LA VIDA SON GASTOS INNECESARIOS, VIAJES, LUJOS Y COSAS MATERIALES. PODÉIS ACABAR MAL SI NO OS CONTROLÁIS UN POCO.

OS DIVERTIRÉIS EN LA CAMA, AUNQUE NECESITÁIS TENER MUCHA CONFIANZA PARA LOGRAR EXPLOTAR ESA PASIÓN Y SER LOS MEJORES AMANTES EN LA CAMA.

CONSEJO PARA HACER QUE FUNCIONE (¡AÚN MEJOR!)

ENCONTRAR TIEMPO PARA SALIR Y DESMELENARSE Y PROCURAR SER TODO LO IMPULSIVO QUE SE PUEDA. SORPRENDER AL OTRO CON UNA CITA ERÓTICA O UNA ESCAPADA ROMÁNTICA A ALGÚN SITIO NUEVO.

CAPRICORNIO Y ACUARIO

NO SOIS MUY COMPATIBLES. DEBERÉIS HACER VALER EL PRINCIPIO QUE INDICA QUE DOS POLOS OPUESTOS SE ATRAEN.

LAS MAYORES COMPLICACIONES ESTÁN EN RELACIÓN A LA TRANQUILIDAD DE CAPRICORNIO YA QUE ACUARIO ESTÁ SIEMPRE LISTO PARA LA AVENTURA Y ADORA SENTIRSE LIBRE. A SU VEZ, AMBOS TENDÉIS A PARTICIPAR EN MUCHAS ACTIVIDADES Y SUMAROS A CAUSAS SOLIDARIAS. EN ALGUNOS CASOS PRESTÁIS MÁS ATENCIÓN A ESTOS TEMAS QUE A LA PROPIA RELACIÓN. SI TENÉIS CAUSAS COMUNES POR LAS CUALES LUCHAR TODO SERÁ MÁS FÁCIL.

PARA LOGRAR COMPATIBILIDAD EN EL TERRENO SEXUAL TENDRÉIS QUE TENER EN CUENTA LAS CARACTERÍSTICAS BIEN DISTINTAS EL UNO DEL OTRO. CAPRICORNIO TIENE UN ENFOQUE MÁS BIEN TRADICIONAL ANTE EL SEXO, MIENTRAS QUE A MUCHOS ACUARIOS LES GUSTA EXPERIMENTAR.

CONSEJO PARA HACER QUE FUNCIONE

ACOGER LAS DIFERENCIAS DEL OTRO COMO ALGO ENRIQUECEDOR QUE OS COMPLEMENTA Y MEJORA EN VEZ DE ALGO QUE OS SEPARA.

CAPRICORNIO Y PISCIS

COMBINACIÓN EXCELENTE AUNQUE AL PRINCIPIO PUEDA HABER DUDAS. PISCIS ES UN SOÑADOR Y PUEDE PARECER FRÁGIL, PERO A VECES UNA SUTIL ENTEREZA SE PUEDE CONFUNDIR CON DEBILIDAD. LAS FORTALEZAS COMBINADAS DE AMBOS AYUDAN A COMPENSAR VUESTRAS DEBILIDADES INDIVIDUALES Y JUNTOS FORMÁIS UN EQUIPO SÓLIDO.

PISCIS ES UN SIGNO QUE LLEVA EL LIDERAZGO EN SUS VENAS Y LE APASIONA CREAR PROYECTOS NUEVOS, ALGO QUE SE COMPLEMENTA A LA PERFECCIÓN CON CAPRICORNIO AL QUE LE ENCANTA LLEVAR UN PLAN SISTEMÁTICO Y CUMPLIR AL CORTO O LARGO PLAZO.

AMBOS TENDÉIS A ESCONDER LOS SENTIMIENTOS, POR LO QUE ES IMPORTANTE MANTENER LAS LÍNEAS DE COMUNICACIÓN ABIERTAS Y RESERVAR TIEMPO PARA CONECTAR. SEXUALMENTE PISCIS AYUDARÁ A CAPRICORNIO A TENER UNA MENTE MÁS ABIERTA Y A PROBAR COSAS NUEVAS.

 CONSEJO PARA HACER QUE FUNCIONE (¡AÚN MEJOR!)

PACIENCIA Y APERTURA EN LOS PENSAMIENTOS AL INTENTAR ACOPLAR VUESTRAS PERSONALIDADES (CAPRICORNIO DEMASIADO METÓDICO Y PISCIS DEMASIADO EMOCIONAL).

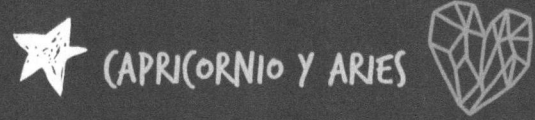

CAPRICORNIO Y ARIES

COMBINACIÓN COMPLICADA POR LAS ENORMES DIFERENCIAS ENTRE VUESTROS CARACTERES. DEBERÉIS PONER MUCHO DE VUESTRA PARTE PARA QUE FUNCIONE.

UNA DE LAS CARACTERÍSTICAS MÁS FUERTES DE LOS CAPRICORNIO ES QUE LES RESULTA DIFÍCIL COMPROMETERSE TOTALMENTE EN UNA RELACIÓN Y, PARA HACERLO, SE TIENEN QUE SENTIR MUY SEGUROS DE SU PAREJA. AUNQUE PUEDEN ENVIDIAR LA ENERGÍA DE ARIES, LES SERÁ DIFÍCIL AFRONTAR EL GUSTO POR LA LIBERTAD DE ÉSTE. POR OTRA PARTE, ARIES NECESITA VARIEDAD Y UNA VIDA CHISPEANTE, POR LO QUE SE PODRÍA SENTIR ATRAPADO EN UNA RELACIÓN CON CAPRICORNIO.

SEXUALMENTE, LA COMBINACIÓN TAMBIÉN TIENE SUS DIFICULTADES, YA QUE MIENTRAS QUE A ARIES LE GUSTA EXPERIMENTAR Y SER AVENTURERO, CAPRICORNIO ES MUCHO MÁS CONSERVADOR

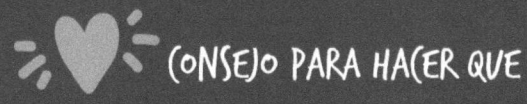 CONSEJO PARA HACER QUE FUNCIONE

DEBERÉIS COMPROMETEROS Y TENER PACIENCIA, BUSCAR TODOS LOS PUNTOS EN COMÚN QUE PODÁIS Y HACER DE ELLOS VUESTRA BANDERA. EL AMOR TODO LO PUEDE.

♥ CAPRICORNIO Y TAURO

COMPATIBILIDAD MUY ALTA. TENÉIS MUCHO EN COMÚN Y PODÉIS SER MUY FELICES JUNTOS. EL SENTIDO PRÁCTICO DE CAPRICORNIO SE LLEVA BIEN CON LA ACTITUD REALISTA DE TAURO. VUESTRA CONEXIÓN INICIAL SERÁ BUENA Y ENCONTRARÉIS MUCHAS SIMILITUDES CON VUESTRA PAREJA.

LA RELACIÓN ESTARÁ BASADA EN LA CONFIANZA, FIDELIDAD Y COMPROMISO. AL RESPETAR CADA UNO DE ESTOS ASPECTOS NUNCA EXISTIRÁN PROBLEMAS QUE SEAN MÁS FUERTES QUE VUESTRA UNIÓN.

EN EL PLANO SEXUAL, DEBERÉIS TRABAJAR MÁS DURO, YA QUE CAPRICORNIO PUEDE RESULTAR UN POCO SERIO Y RETRAÍDO, MIENTRAS QUE TAURO TIENE UNAS NECESIDADES SEXUALES MUY MARCADAS. NO OBSTANTE, DEBIDO A QUE CONFIÁIS TANTO EL UNO EN EL OTRO, NO DEBERÍA SER UN PROBLEMA Y CON EL TIEMPO CAPRICORNIO SERÁ CAPAZ DE ENTRAR EN UNA NUEVA FASE DE PLACER SEXUAL.

CONSEJO PARA HACER QUE FUNCIONE (¡AÚN MEJOR!)

APRENDER LA TÉCNICA DE ENTRETENEROS JUNTOS, DE LO CONTRARIO LA MONOTONÍA E INCLUSO, EL ABURRIMIENTO PODRÍAN ENTRAR EN LA RELACIÓN.

 ## CAPRICORNIO Y GÉMINIS

LA COMPATIBILIDAD ES BASTANTE BAJA Y TENDRÉIS QUE HACER UN GRAN ESFUERZO PARA QUE FUNCIONE.

A CAPRICORNIO LE ENCANTA SEGUIR UNAS REGLAS Y A GÉMINIS LE ENCANTA ROMPERLAS. CAPRICORNIO ES MUY CAUTELOSO Y CUIDADOSO EN TODOS LOS ASPECTOS DE SU VIDA. SIN EMBARGO, GÉMINIS SE ATREVE CON TODO.

SI LOGRÁIS UN RESPETO, CONSTRUIDO SOBRE UNA BASE DE AMOR, AMBOS PODRÍAIS SALIR FAVORECIDOS: CAPRICORNIO PODRÍA ENSEÑAR A GÉMINIS LOS VALORES DE LA CONSTANCIA Y EL ESFUERZO MIENTRAS QUE GÉMINIS PODRÍA AYUDAR A CAPRICORNIO A DISFRUTAR MÁS DE LA VIDA.

EN EL ÁMBITO SEXUAL AMBOS PODÉIS TENER LA OPORTUNIDAD DE PROBAR NUEVAS EXPERIENCIAS. CAPRICORNIO TIENDE A SER UN POCO RESERVADO EN LA CAMA, CASO CONTRARIO DE GÉMINIS AL CUAL LE ENCANTA EXPLORAR NUEVAS POSICIONES Y FANTASÍAS SEXUALES.

 ## CONSEJO PARA HACER QUE FUNCIONE

COMPRENSIÓN Y TRATAR DE CEDER: UNA MEZCLA DE AMBOS PENSAMIENTOS PUEDE RESULTAR EN UNA RELACIÓN MÁS ESPONTÁNEA DE LA QUE BENEFICIAROS LOS DOS.

CAPRICORNIO Y CÁNCER

COMPATIBILIDAD ALGO BAJA. A PESAR DE LAS IMPORTANTES DIFERENCIAS ENTRE LOS DOS, ES POSIBLE QUE SE ESTABLEZCA UNA RELACIÓN, AUNQUE DEBERÉIS PONER UN POCO DE VUESTRA PARTE.

MIENTRAS QUE CÁNCER ES CARIÑOSO Y EXPRESIVO, A CAPRICORNIO LE CUESTA EXPRESAR SUS SENTIMIENTOS.

UNA DE LAS MAYORES COMPATIBILIDADES ENTRE VOSOTROS ES EL TEMA DE FAMILIA, AMBOS TENÉIS LA META DE CREAR UNA LLENA DE VALORES Y TRADICIONES. LA CONFIANZA SERÁ EL PILAR DE LA RELACIÓN.

CÁNCER ES SENSIBLE Y NECESITA MÁS QUE EL AFECTO CONTENIDO QUE CAPRICORNIO LE OFRECE. NO ES QUE NO QUIERA OFRECER MÁS, SINO QUE NO SABE CÓMO HACERLO.

EL ÁREA SEXUAL SERÁ UN GRAN RETO, CÁNCER DEBERÁ DE TENER PACIENCIA Y DARLE SU ESPACIO A CAPRICORNIO PARA SENTIRSE EN CONFIANZA Y ASÍ MOSTRAR SUS SENTIMIENTOS Y DESEOS EN LA CAMA.

CONSEJO PARA HACER QUE FUNCIONE

ES IMPORTANTE QUE CÁNCER ENSEÑE A CAPRICORNIO Y QUE CAPRICORNIO ESTÉ DISPUESTO A APRENDER.

CAPRICORNIO Y LEO

SU GRADO DE COMPATIBILIDAD PODRÍA SER BUENO SI AMBOS DEJÁIS A UN LADO VUESTRO ORGULLO Y TRABAJÁIS JUNTOS POR UN FIN COMÚN.

LEO QUIERE TENER BUEN ASPECTO PARA EL RESTO DEL MUNDO Y APRECIARÁ LOS ELEVADOS ESTÁNDARES DE LA NATURALEZA CONSERVADORA Y SÓLIDA DE CAPRICORNIO. LA DIGNIDAD Y EL ASPECTO SERIO DE CAPRICORNIO SUELE GANAR EL RESPETO DE LEO... Y CUANDO ALGUIEN SE GANA EL RESPETO DE LEO, PUEDE TENERLO COMIENDO EN SU MANO INDEFINIDAMENTE.

LEO DEBE NO MENOSPRECIAR LAS IDEAS DE CAPRICORNIO EN LA RELACIÓN Y NO SUBESTIMAR A SU PAREJA NUNCA SI NO QUIERE CARGARSE LA RELACIÓN.

SEXUALMENTE SOIS MUY COMPATIBLES Y LEO DARÁ ESA CHISPA DE PASIÓN QUE NECESITA TENER CAPRICORNIO EN SU VIDA.

CONSEJO PARA HACER QUE FUNCIONE

DEJAR AMBOS A UN LADO EL ORGULLO Y ENTENDER QUE HABRÁ ALGUNAS BATALLAS QUE PERDERÁN Y OTRAS QUE GANARÁN EN UNA RELACIÓN COMO ESTA.

CAPRICORNIO Y VIRGO

LA COMPATIBILIDAD ES MUY ALTA. VIRGO TENDRÁ UNA COMPENETRACIÓN INMEDIATA CON CAPRICORNIO.

AMBOS SOIS REALISTAS, LEALES Y POSEÉIS LA MADUREZ NECESARIA PARA ENCONTRAR SOLUCIONES REALES A PROBLEMAS DIFÍCILES.

VIRGO TIENE UNA ENERGÍA CAUTIVADORA Y ENÉRGICA CON LA QUE CONTAGIAR A CAPRICORNIO Y DARLE ESA CHISPA DE DIVERSIÓN QUE NECESITA LA RELACIÓN.

LA PERSONALIDAD DE VIRGO ES SENCILLA DE DESCIFRAR, POR LO QUE CAPRICORNIO PODRÁ TOMAR CONFIANZA RÁPIDAMENTE Y DISFRUTAR DE FORMA PLENA LA RELACIÓN.

TENDRÉIS EXCELENTES RELACIONES SEXUALES, PUESTO QUE VUESTRAS NECESIDADES Y DESEOS SON SIMILARES. LOS CAPRICORNIO SE ENCONTRARÁN CON QUE SON INUSUALMENTE CARIÑOSOS Y PROTECTORES CON SU PAREJA VIRGO, QUIEN A SU VEZ, SE DELEITARÁ CON LA SEGURIDAD Y EL AMOR QUE LE OFRECE CAPRICORNIO.

CONSEJO PARA HACER QUE FUNCIONE (¡AÚN MEJOR!)

CUANDO HAYA DIFERENCIAS DE OPINIÓN, ECHAD MANO DE LA BUENA COMUNICACIÓN QUE EXISTE ENTRE VOSOTROS.

CAPRICORNIO Y LIBRA

NO ES LA COMBINACIÓN MÁS CÓMODA DEL COSMOS PERO ESO NO SIGNIFICA QUE NO PODÁIS APRENDER A ESTAR JUNTOS Y AMAROS MUCHO. DE HECHO, SI APRENDÉIS A APRECIAR Y RESPETAR LAS FORTALEZAS Y DEBILIDADES DEL OTRO, LOS DOS PODÉIS LLEGAR A SER MEJORES PERSONAS. SOLO HARÁ FALTA PACIENCIA Y COMPRENSIÓN.

AMBOS QUERÉIS MANDAR. ESTO PODRÍA SER UN DESASTRE, PORQUE LOS DOS TENÉIS IDEAS MUY DIFERENTES SOBRE CUÁL ES EL MEJOR MODO DE AVANZAR.

LIBRA PUEDE FRUSTRAR A CAPRICORNIO CON SU INDECISIÓN. A LIBRA LE PREOCUPAN UNA ETIQUETA SOCIAL APROPIADA Y UNA ACTITUD REFINADA. ESTO ENCAJA BIEN CON CAPRICORNIO, PROPENSO A MOSTRAR EL MAYOR DECORO. LIBRA ES EL SIGNO DEL EQUILIBRIO Y LA JUSTICIA, LO CUAL ENCAJA TAMBIÉN BASTANTE BIEN CON CAPRICORNIO. DE HECHO, HAY MUCHAS RAZONES PARA QUE ÉSTE DISFRUTE DE LA COMPAÑÍA DE UN AMANTE LIBRA.

CONSEJO PARA HACER QUE FUNCIONE

PARA QUE LA RELACIÓN FUNCIONE LOS DOS TENDRÉIS QUE CENTRAROS MÁS EN LO QUE SUCEDE DESPUÉS DE APAGAR LAS LUCES, CUANDO OS QUEDÁIS A SOLAS.

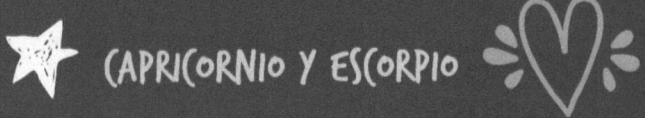

CAPRICORNIO Y ESCORPIO

SE TRATA DE UNA COMBINACIÓN APASIONADA Y FIEL, UNA DE LAS MEJORES DEL ZODÍACO.

ESCORPIO ES FAMOSO POR SER SEDUCTOR Y FOGOSO Y A CAPRICORNIO NO LE MOLESTARÁ NI LO MÁS MÍNIMO. MIENTRAS NO SEDUZCA A ALGUIEN MÁS, ESTARÁ ENCANTADO DE RECIBIR TANTA PASIÓN Y DESEO. ESCORPIO NO TEME ACERCARSE DE VERDAD Y CON FRANQUEZA Y ESO IMPRESIONA A CAPRICORNIO.

ESCORPIO PUEDE SER MUY LEAL Y MOSTRAR UN GRAN COMPROMISO CON LOS OBJETIVOS CONJUNTOS Y NO LE IMPORTARÁ QUE CAPRICORNIO ASUMA EL PAPEL DE LIDERAZGO. AÚN ASÍ, HABRÁ QUE TENER CUIDADO Y MANTENER BIEN ABIERTAS LAS LÍNEAS DE COMUNICACIÓN.

ESTA PUEDE SER UNA RELACIÓN MUY EXITOSA Y DURADERA CON UN GRAN POTENCIAL PARA EL LARGO RECORRIDO.

CONSEJO PARA HACER QUE FUNCIONE (¡AÚN MEJOR!)

ESCORPIO TENDRÁ QUE RESPETAR LA NECESIDAD DE CAPRICORNIO DE CENTRARSE EN EL TRABAJO Y EN SUS OBJETIVOS Y CAPRICORNIO TENDRÁ QUE BUSCAR TIEMPO PARA HACER QUE ESCORPIO SE SIENTA MÁS QUERIDO.

CAPRICORNIO Y SAGITARIO

NO TENÉIS MUCHO EN COMÚN PERO AÚN ASÍ PUEDE SER UNA COMBINACIÓN RAZONABLEMENTE BUENA.

SAGITARIO PUEDE DESQUICIAR A CAPRICORNIO AL SER TAN QUIJOTESCO E IRRESPONSABLE, PERO ÉL SE VE A SÍ MISMO COMO IDEALISTA Y PROGRESISTA. SEGURAMENTE LA VERDAD ESTÉ EN ALGÚN LUGAR INTERMEDIO, PERO PUEDE SER DIFÍCIL DE VER PARA CUALQUIERA DE LOS DOS.

EL OPTIMISMO DE SAGITARIO MODERA LA INCLINACIÓN DE CAPRICORNIO A SENTENCIAR A LA GENTE, MIENTRAS QUE LA SENSATEZ DE CAPRICORNIO AYUDA A SAGITARIO A LOGRAR SUS OBJETIVOS MÁS ANHELADOS.

CAPRICORNIO TENDRÁ QUE HACER EL ESFUERZO DE EXPLI-CARSE CON MÁS FRECUENCIA. SAGITARIO TIENE EL DON DE LA PREVISIÓN ¡PERO NO EL DE LA TELEPATÍA! CAPRICOR-NIO DEBERÁ COMUNICAR SUS IDEAS, PLANES Y SENTIMIEN-TOS SI QUIERE QUE SAGITARIO LE PROPORCIONE APOYO Y ENERGÍA EN SUS INICIATIVAS.

 CONSEJO PARA HACER QUE FUNCIONE

RECONOCER DE ANTEMANO LO DIFERENTES QUE SOIS AMBOS SIGNOS Y ESTAR DISPUESTOS A HACER SACRIFICIOS.

CÓMO ENAMORAR A LOS OTROS SIGNOS

INDEPENDIENTEMENTE DE LA CLARIFICADORA INFORMACIÓN PREVIA, EL AMOR VIENE ASÍ DE ESTA MANERA, Y TE HAS ENAMORADO DE OTRO SER HUMANO (ESPERO), AQUÍ VAN LOS CONSEJOS INFALIBLES PARA QUE CAPRICORNIO ENAMORE A CADA UNO DE ELLOS:

ARIES: ARIES ES AVENTURERO, EXTROVERTIDO Y VEHEMENTE. PARA ENAMORAR A ARIES, RELÁJATE Y DÉJATE LLEVAR, APRENDE A DISFRUTAR DE LAS NUEVAS EXPERIENCIAS Y EMOCIONES QUE TE PROPONDRÁ EL CARNERO. NO LE OFENDAS DICIENDO QUE SU OPTIMISMO Y ENERGÍA SON EXCESIVOS, TOLERA MAL LA CRÍTICA.

TAURO: PARA CONQUISTARLE MUÉSTRATE TAL CUAL ERES, VE CONFIADO Y TRANSPARENTE, HABLÁIS EL MISMO LENGUAJE. SE SENTIRÁ ATRAÍDO POR TU SENTIDO PRÁCTICO Y SENSATEZ DE IDEAS. BRÍNDALE ESTABILIDAD Y, SOBRE TODO, EXCLUSIVIDAD. TAURO ES CELOSO Y POSESIVO, PERO VALDRÁ LA PENA JUGÁRSELA POR ESTE AMOR.

GÉMINIS: GÉMINIS ACTÚA POR IMPULSO Y PUEDE CAMBIAR DE PLANES DE UN DÍA PARA OTRO. SU MENTE ES SÚPER

ACTIVA, NECESITA ESTIMULACIÓN Y EXPERIENCIAS NUEVAS. CAPRICORNIO, DEBERÁS VENCER TU APATÍA PARA DAR A GÉMINIS LO QUE NECESITA: SEDÚCELO CON CONVERSACIONES PROFUNDAS Y PROPUESTAS ORIGINALES Y ACOMPÁÑALO EN SU VIDA SOCIAL.

CÁNCER: EL CANGREJO SE VERÁ ATRAÍDO POR LA POSIBILIDAD DE TENER UNA PAREJA ESTABLE Y PROYECTAR A FUTURO. ASÍ QUE, DEJA ENTREVER TU MADUREZ, SOLIDEZ Y RACIONALIDAD. TAMBIÉN LO ENAMORARÁS CON TU SENTIDO DE PROTECCIÓN, YA QUE NECESITA SENTIRSE AMPARADO Y QUERIDO. HAZ UN ESFUERZO POR DEMOSTRAR TUS SENTIMIENTOS, PORQUE CÁNCER ES MUY SENSIBLE.

LEO: TE GANARÁS SU ACEPTACIÓN MOSTRANDO TU LADO TRADICIONAL Y TU AFÁN DE VIVIR SEGURO, YA QUE EL LEÓN TAMBIÉN PERSIGUE EL BIENESTAR Y LA CALIDAD DE VIDA. TU SERIEDAD Y RESPONSABILIDAD ESTA VEZ TE JUEGAN A FAVOR: LEO TE RESPETARÁ POR ESO. AYÚDALO A CALMAR SUS EMOCIONES DESCONTROLADAS, PERO NUNCA LO ATAQUES PORQUE SI TE METES CON SU EGO, HUIRÁ.

VIRGO: AMBOS SOIS RACIONALES Y METÓDICOS. MUÉSTRATE SENSATO Y MADURO PARA ENAMORAR A VIRGO.

CUÉNTALE TUS AMBICIONES Y TUS PLANES PARA SATISFA-
CERLAS, PARA QUE PUEDA VER EL GRAN EQUIPO QUE FOR-
MARÉIS JUNTOS. SE SENTIRÁ SEGURO AL LADO DE ALGUIEN
PRÁCTICO Y TRABAJADOR. VUESTRAS ENERGÍAS UNIDAS
PUEDEN LLEVAROS MUY LEJOS.

LOVE

LIBRA: TENDRÁS QUE DEJAR DE SER TAN RACIONAL Y SERIO
O HARÁS QUE HUYA DE TI. SERÍA BUENO QUE TE DEJARAS
LLEVAR A UN MUNDO MÁS ETÉREO, ROMÁNTICO Y DIVERTI-
DO. ARRIÉSGATE A LOS CAMBIOS. TU SENTIDO PRÁCTICO
PUEDE AYUDAR A LIBRA EN SUS MOMENTOS DE ANGUS-
TIANTE INDECISIÓN. DALE SOLUCIONES, PERO NO LE AMAR-
GUES CON TUS IDEAS PESIMISTAS.

ESCORPIO: LO IDEAL ES QUE LE INVITES A COMPARTIR
TIEMPO A SOLAS PARA QUE PODÁIS CONVERSAR TRANQUI-
LOS Y CONOCEROS MEJOR. NO TE CONVIENE RESISTIRTE,
PORQUE SI NO APRENDES DE ÉL A SER MÁS CARIÑOSO Y
DEMOSTRATIVO, ESCORPIO SE SENTIRÁ VACÍO A TU LADO.

SAGITARIO: SI INSISTES CON IDEAS PESIMISTAS TE VERÁ
COMO UN AGUAFIESTAS. MUÉSTRALE QUE EN REALIDAD
ESTÁS SIENDO PRÁCTICO Y REALISTA, Y QUE ESTO PUEDE
SER ÚTIL PARA COMPLEMENTAR SUS IDEALES DE PROGRESO.

SAGITARIO NECESITA MUCHA TERNURA, CONTACTO FÍSICO Y DEMOSTRACIONES DE CARIÑO. NO ESCATIMES EN ESO.

CAPRICORNIO: NO TIENES QUE SACRIFICARTE EN LO MÁS MÍNIMO. OS UNIRÉIS A TRAVÉS DE CONVERSACIONES PROFUNDAS Y REFLEXIVAS. SOIS NATURALMENTE CÓMPLICES, ASÍ QUE VE POR ÉL. PARA ATRAERLO, COLABORA CON SUS AMBICIONES Y COMPARTE LAS TUYAS. LOS DOS QUERÉIS ALCANZAR EL BIENESTAR SOCIAL Y ECONÓMICO, NO HAY NADA QUE OCULTAR.

LOVE

ACUARIO: DA RIENDA SUELTA A TUS IMPULSOS. TENDRÁS QUE DEJAR DE SER TAN ESTRICTO CON TUS OBJETIVOS Y AMBICIONES, PARA ENTRAR EN EL MUNDO ETÉREO Y MÁGICO DE ACUARIO. MUESTRA UN POCO DE ENTUSIASMO POR LA AVENTURA SI QUIERES SEDUCIRLO. AYÚDALE A SOSEGARSE Y APÓRTALE ESTABILIDAD EMOCIONAL.

PISCIS: PON TUS OBJETIVOS SOBRE LA MESA PARA QUE PISCIS SE SIENTA SEGURO CONTIGO. PISCIS PENETRARÁ EN TU CORAZÓN CON SU TERNURA Y AMABILIDAD, ASÍ QUE ÁBRETE Y DEVUÉLVELE LO MISMO. PARA CONQUISTARLO, SÉ PROTECTOR Y ANÍMATE A CONFIAR, FLUIR EN SU MAR DE MAGIA Y EMOCIONES.

Capricornio y el sexo

ERES DE NATURALEZA ESCÉPTICA Y NO TE ATREVES A CONFIAR EN LOS DEMÁS. CUANTO MÁS ABIERTO SEAN CONTIGO, MÁS CÓMODO TE SENTIRÁS COMO AMANTE. CON UN CAPRICORNIO SE LLEGA AL SEXO A TRAVÉS DEL AMOR DE LOS SENTIMIENTOS.

TAMBIÉN CONVIENE SER LENTO Y PACIENTE CONTIGO. CONSTANCIA Y LENTITUD SON DOS BUENOS INGREDIENTES PARA SACAR TODO LO MEJOR QUE PUEDES DAR DE SÍ.

SIEMPRE MUESTRAS UNA GRAN RESISTENCIA AL CAMBIO, ESTO Y TU DESCONFIANZA HACE QUE EN CUESTIONES DE SEXO AVANCES CON CAUTELA.
PARA LLEGAR A SACAR EL VERDADERO AMANTE QUE LLEVAS DENTRO TE ENCANTA LO CLÁSICO FLORES, INVITACIONES VARIAS A ESPECTÁCULOS Y A CENAR... QUE TE DEMUESTREN QUE DE VERDAD EL OTRO VALE LA PENA.

CON ESFUERZO UN AMANTE CAPRICORNIO SERÁ UNA APASIONADA PAREJA SEXUAL, PERO TENDRÁN QUE TRABAJÁRSELO Y UNA VEZ QUE TE HAYAN ATRAPADO, TU AMOR NO IRÁ YA A NINGÚN LUGAR.

LO QUE MÁS TE GUSTA EN LA CAMA ES QUE TE ACARICIEN LA ESPALDA, LOS RIÑONES Y LAS NALGAS. SON IMPRESCINDIBLES LOS LARGOS PRELIMINARES Y EL CARIÑO TE ENCANTA HACERLO SOBRE UNA MESA. ES FUNDAMENTAL, NO PERDER EL CONTACTO VISUAL CONTIGO, YA QUE TE HACE SENTIR EN CONFIANZA.

LOS SIGNOS MÁS COMPATIBLES SEXUALMENTE HABLANDO SON LOS TAURO Y VIRGO SIGNOS DE TIERRA COMO TÚ. TAMBIÉN TE MEZCLAS MUY BIEN EN LA CAMA CON ESCORPIO Y PISCIS

Capricornio y el trabajo

TIENES UN GRAN SENTIDO DE LA RESPONSABILIDAD Y SIEMPRE BUSCARÁS UNA OCUPACIÓN QUE IMPLIQUE MUCHOS RETOS O EN LA QUE TE DESTAQUEN MUCHO, YA QUE AMAS SER RECONOCIDO POR TU TRABAJO.

TE VAN MUY BIEN LAS PROFESIONES QUE TENGAN QUE VER CON TEMAS JUDICIALES YA QUE SIEMPRE REQUIEREN UN ALTO SENTIDO DE LA RESPONSABILIDAD Y EL SEGUIR UN ESQUEMA QUE MUY POCAS VECES VARÍA DE VERDAD. POR ESTO PROFESIONES COMO ABOGADO O JUEZ, ESTÁN ENTRE LOS PRIMEROS LUGARES PARA TI. TAMBIÉN PODRÍAS SER MUY BUEN POLICÍA.

AL SER UN SIGNO DE TIERRA TE GUSTAN LAS PROFESIONES LIGADAS A ELLA: AGRICULTOR, BOTÁNICO, AGRÓNOMO... LA CERCANÍA A LA TIERRA SE TE DA BIEN DE FORMA NATURAL Y TIENES GRAN CAPACIDAD PARA LO RELACIONADO A SU ESTUDIO Y A SU TRATAMIENTO.

UNA BUENA CARRERA PARA TI SERÁ TAMBIÉN ALGO RELA-
CIONADO CON LA INVESTIGACIÓN CIENTÍFICA DE LOS
FENÓMENOS RELACIONADOS A LA TIERRA. TE PEGA TODO
ESCOGER UNA APACIBLE VIDA EN EL CAMPO, USANDO TU
PROPIO SUELO PARA FORMAR TU PROPIO NEGOCIO.

NO ESTÁS EXENTO DE DOTES ARTÍSTICAS, GRACIAS A TU
SENSIBILIDAD, PERO TIENDES A HACER ESTO NO DE FORMA
PROFESIONAL SINO MÁS BIEN COMO UN HOBBY. AUNQUE
UN CAPRICORNIO ESCRITOR SIEMPRE SERÁ IRREVERENTE Y
CRÍTICO ACERCA DE LA SOCIEDAD QUE LE RODEA.

TIENES UNA GRAN CONFIANZA EN TI MISMO Y NO HAY
NADA QUE CREAS IMPOSIBLE. TE GUSTA EMBARCARTE EN
NUEVAS AVENTURAS PROFESIONALES Y ASUMIR RIESGOS.

POSEES UNA ENERGÍA SUPERIOR A LA DE LA MAYORÍA Y
UN ESPÍRITU INIGUALABLE EN CUANTO A INICIATIVA, CA-
PACIDAD DE MANDO Y COORDINACIÓN TIENES TODAS LAS
CARACTERÍSTICAS PARA ALCANZAR POSICIONES RECONOCIDAS.
ADEMÁS NO TE DAN MIEDO LAS ALTURAS: UNO DE TUS OB-
JETIVOS PROFESIONALES ES LLEGAR A LA CIMA Y TRA-
TARÁS DE HACERLO POR TODOS LOS MEDIOS POSIBLES.

LOS TRABAJOS QUE NO TE GUSTAN SON TODOS AQUELLOS QUE IMPLIQUEN QUE TENGAS QUE ESTAR RODEADO DE MUCHAS PERSONAS, YA QUE EN REALIDAD NO SE TE DA MUY BIEN ESO DE TRABAJAR EN EQUIPO, SIEMPRE PREFERIRÁS HACER TRABAJOS EN SOLITARIO, TE SIENTES MÁS CAPACITADO PARA ELLO.

ES IMPORTANTE PARA TI CONTAR CON UN POCO DE MOVIMIENTO DENTRO DE TU TRABAJO, YA QUE LA RUTINA PODRÍA SER ALGO QUE TE OPAQUE BASTANTE Y QUE TE HAGA BAJAR TU ENTUSIASMO.

VIRTUDES.- PACIENTE, TRABAJADOR, CONSTANTE, AMBICIOSO.

DEFECTOS.- MATERIALISTA, PESIMISTA, TACAÑO.

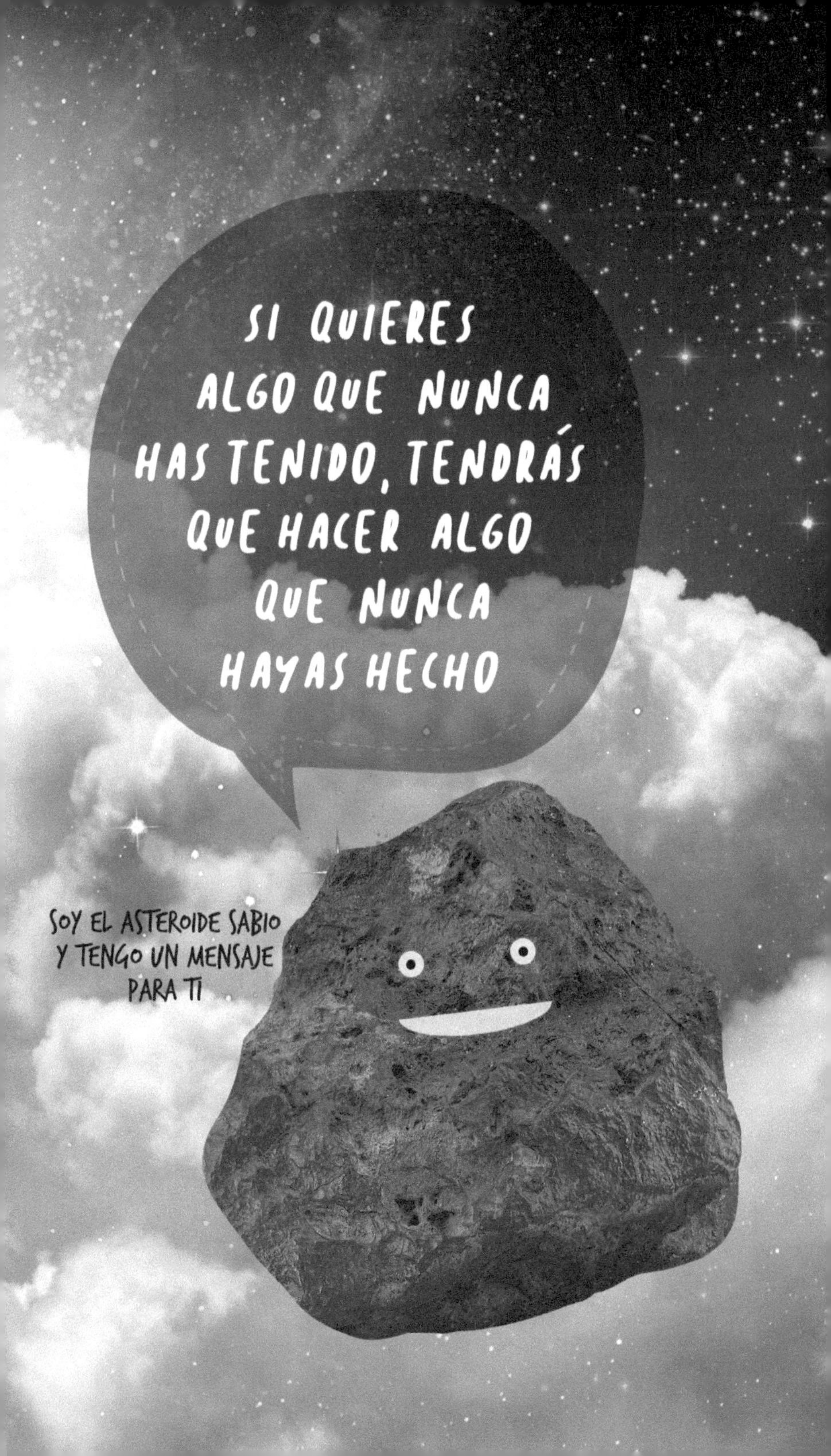
SI QUIERES ALGO QUE NUNCA HAS TENIDO, TENDRÁS QUE HACER ALGO QUE NUNCA HAYAS HECHO
SOY EL ASTEROIDE SABIO Y TENGO UN MENSAJE PARA TI

Capricornio y la amistad

TIENES UNA MANERA ÚNICA DE VER EL MUNDO, MUCHAS VECES UN TANTO INCOMPRENDIDA POR OTROS PORQUE ESTIMAN QUE LO VES TODO CON UNA VISIÓN DEMASIADO SERIA A VECES. PERO LO CIERTO ES QUE TÚ SOLO ENTREGAS LO QUE TIENES DE VERDAD EN TU INTERIOR A LAS PERSONAS QUE REALMENTE LO MERECEN Y QUE TE HAYAN DEMOSTRADO QUE ERES IMPORTANTE EN SU VIDA.

ES IMPORTANTE SENTIRTE ESCUCHADO, YA QUE NO TE GUSTA GASTAR PALABRAS EN VANO. CONSIDERAS QUE TODO LO QUE DICES ES VALIOSO Y LE DAS MUCHO VALOR A LA APROBACIÓN DE OTROS.

COMO AMIGO MUCHAS VECES PUEDES SER UN TANTO PARCO A LA HORA DE HABLAR, PERO ERES CARIÑOSO ADORABLE Y SIEMPRE EXPRESAS LO QUE SIENTES, ESO TE HACER AUTÉNTICO SIEMPRE CON LA HONESTIDAD POR DELANTE.

TE GUSTAN LAS PERSONAS FIELES Y LEALES QUE COMPAR-
TAN ALGUNAS DE LAS CARACTERÍSTICAS QUE TÚ TIENES,
DE AHÍ LAS BUENAS MIGAS QUE PUEDES HACER CON
OTROS SIGNOS DE TIERRA: TAURO Y VIRGO. ELLOS SIEM-
PRE SERÁN BUENOS ALIADOS, YA QUE VEN EL MUNDO DE
UNA FORMA PARECIDA Y SON UN TANTO INCOMPRENDI-
DOS POR OTROS SIGNOS DEBIDO A LA SERIEDAD CON LA
QUE A VECES ELLOS TAMBIÉN SE ENFRENTAN LA VIDA.

NO SUELES TENER BUENA RELACIÓN CON SAGITARIO, YA
QUE HABLÁIS IDIOMAS MUY DIFERENTES, PERO SÍ LO
HACES CON ACUARIO YA QUE PESE A SER MUY OPUESTOS
TENÉIS LA CAPACIDAD DE SACAR LO MEJOR DE CADA UNO
Y DISFRUTAR DE UNA RELACIÓN MUY CORDIAL DONDE
SIEMPRE SE RESPETARÁN LOS CARACTERES DE CADA UNO.
SE TRATA DE DOS SIGNOS BASTANTE OPUESTOS PERO FUN-
CIONÁIS BIEN DEBIDO AL RESPETO QUE OS TENÉIS EL UNO
AL OTRO.

IGUAL SERÍA LA RELACIÓN QUE TIENES CON PISCIS PESE A
QUE DETESTAS LOS GRANDES DRAMAS SIEMPRE VAS A
TENER UN ESPACIO PARA ESCUCHAR A TU AMIGO PEZ,
CON QUIEN COMPARTES UN EXCELENTE VÍNCULO EMOCIO-
NAL.

La página mágica

ESTE LIBRO ES MÁGICO, COMO TÚ, Y VIENE CON UN
REGALO: LA PÁGINA MÁGICA.
AUSPICIADO POR TUS PROTECTORES, PODRÁS FORMULAR
UN DESEO Y AL ESCRIBIRLO, EL DESEO SE CUMPLIRÁ EN
EL MOMENTO PRECISO.
CONCÉNTRATE, RESPIRA HONDO E INVOCA A SATURNO Y
A TU INSTRUMENTO MUSICAL FAVORITO.

EL DESEO SE CUMPLIRÁ

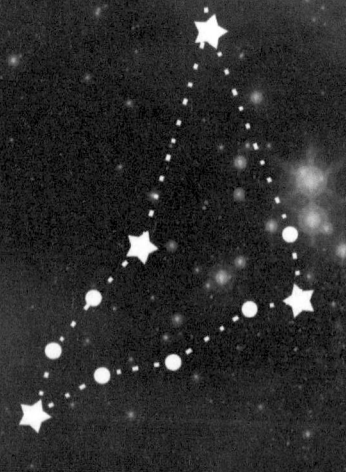

MI DESEO ES:

Consejos de vida para Capricornio

QUERIDO CAPRICORNIO, A PESAR DEL TEMOR QUE ESO TE PRODUCE, NO DEJES ATRÁS LAS OPORTUNIDADES QUE LA VIDA TE OFRECE DE VEZ EN CUANDO DE COMENZAR DE NUEVO. PARA LANZARTE DE VERAS TENDRÁS QUE DAR TODO DE TI, PERO NO TE DISTRAIGAS CON HISTORIAS DEL PASADO QUE PROBABLEMENTE NO VENGAN A CUENTO, MIRA AL FUTURO SIN MIEDO, ERES CAPAZ DE SOLVENTAR CUALQUIER RETO QUE SE PONGA POR DELANTE. SÉ MÁS VALIENTE.

NECESITAS QUE LAS PERSONAS QUE TE RODEAN NO TE CUENTEN SÓLO DRAMAS SINO QUE ALGUNA VEZ SE PREOCUPEN POR TI. QUE TE DIGAN SOLAMENTE: ¿CÓMO TE ENCUENTRAS?, ¿QUÉ SIENTES?, ¿ESTÁS BIEN?... NO PIDES TANTO Y LO SABES, ASÍ QUE SI NO TE SIENTES APRECIADO, NO TEMAS DEJAR ATRÁS A QUIEN NO TE MERECE.

ALIMENTA TUS GANAS DE CUIDARTE, DE MIMARTE Y DE REPONERTE DE LAS TENSIONES QUE SUFRES EN TU VIDA.

LIBÉRATE DE PREJUICIOS Y MUÉSTRATE TAL COMO ERES. NECESITAS DESTACAR Y SER TÚ MISMO POR ENCIMA DE TODO, LO QUE TE DARÁ ADEMÁS UN TOQUE SÚPER ATRACTIVO.

A VECES TIENDES A ACUMULAR, APRENDE A DESHACERTE DE TODAS AQUELLAS COSAS QUE YA NO NECESITAS, INCLUSO DE LAS PRENDAS QUE SOBRAN EN TU ARMARIO. AUNQUE TE PAREZCA UNA TONTERÍA, TE VAS A DAR CUENTA DE QUE DESHACIÉNDOTE DE LO QUE NO TE SIRVE O LO QUE YA NO USAS HACE TIEMPO, TE VAS A SENTIR MÁS LIBERADO, MÁS A GUSTO CON TU VIDA. APRENDE A SOLTAR LASTRE.

ERES UNA PERSONA CON MUCHÍSIMO QUE OFRECER, TAN CARISMÁTICO QUE A VECES LOS DEMÁS NO DAN CRÉDITO A TANTA AUTENTICIDAD. ACÉRCATE Y CUIDA A LOS QUE SABEN VER EL ORO QUE GUARDAS DENTRO Y ESPECIALMENTE A LA PERSONA MÁS VALIOSA DE TU VIDA: TÚ.

HAZ QUE TU HUELLA SEA IMBORRABLE.